Bibliografische Information der Deutschen Nationalbibliothek:

Die Deutsche Bibliothek verzeichnet diese Publikation in der Deutschen National-
bibliografie; detaillierte bibliografische Daten sind im Internet über http://dnb.d-
nb.de/ abrufbar.

Impressum:

Copyright © 2009 GRIN Verlag, Open Publishing GmbH
Druck und Bindung: Books on Demand GmbH, Norderstedt Germany
ISBN: 978-3-668-14014-1

Dieses Buch bei GRIN:

http://www.grin.com/de/e-book/132998/internationale-medienwirtschaft-ein-ver-
gleich-zwischen-dem-us-amerikanischen

Sabine Schlimgen

Internationale Medienwirtschaft. Ein Vergleich zwischen dem US-amerikanischen und dem deutschen Mediensystem

GRIN Verlag

PORTRAITARBEIT ZUR INTERNATIONALEN MEDIENWIRTSCHAFT

Name: Sabine Schlimgen
Studiengang: Medienmanagement
PR & Kommunikationsmanagement
Macromedia Hochschule für Medien und Kommunikation
Campus Köln

Inhaltsverzeichnis

Sabine Schlimgen

V. Semester Medienmanagement, PR & Kommunikationsmanagement
Macromedia Hochschule für Medien & Kommunikation

1.   EINLEITUNG

Diese Projektarbeit im Fach Internationale Medienwirtschaft verdeutlicht die Unterschiede und auch Gemeinsamkeiten des deutschen Mediensystems und dem der USA. Um den Vergleich zwischen den Ländern für den Leser nachvollziehbar zu machen beschäftigt sich der erste Teil der Arbeit mit der Begriffsherkunft sowie der heutigen Bedeutung der Medien in einer herangewachsenen Informationsgesellschaft. Ebenso werden die Bestandteile des Mediensystems erläutert.

Der zweite Teil baut auf diesen Begrifflichkeiten auf und es werden Vergleiche zwischen den beiden Ländern gezogen.

2.   DER WEG ZUM MEDIENSYSTEM

Der Begriff des Mediensystems gehört in der Medien- und Kommunikationswissenschaft in das gängige Vokabular. Im Grunde beschreibt das Mediensystem die Gesamtheit aller Medien in einem System. Ein System wiederum wird aus diversen Systemkomponenten oder Subsystemen, die in verschiedenen Beziehungen zueinander stehen, zusammengesetzt.[1] Da diese internen Beziehungen in der Medienbranche existieren und die Rede von einem eigenständigen System ist, bedeutet dies, dass Medien eine hohe gesellschaftliche Relevanz aufweisen.

2.1   DEFINITION UND BEDEUTUNG VON MASSENMEDIEN

Nachdem nun die Relevanz der Medien angesprochen wurde, folgt nun die Eingrenzung dessen, was im 21.Jahrhundert unter Medien bzw. Massenmedien verstanden wird.

Demnach umfasst der Medienbegriff alle technischen Mittel und Instrumente, der gegenwärtigen und vergangenen Formen, um Aussagen zu verbreiten. „Nach den technisch induzierten Sende- und Empfangsqualitäten kann dabei zwischen dem Körper als primäres Medium (ohne Technikeinsatz, z.B. Sprache), den sekundären Medien, die eine technische Apparatur auf Seiten der Produktion, nicht aber der Rezeption erfordern (z.B. Zeitung, Zeitschrift), sowie den tertiären Medien, für die auf beide Seiten technische Vorrichtungen notwendig sind (z.B. Fernsehen, Radio) unterschieden werden.[3]"[2] Die sekundären und tertiären Medien werden unter dem Begriff der Massenmedien konsolidiert. Diese zeichnen sich dadurch aus, dass sie nur mit Hilfe von elektronischem Technikeinsatz verbreitet werden können.

Auf Grund der Entwicklung von der Industriegesellschaft hin zur Informationsgesellschaft steht der Informationsbedarf primär im Mittelpunkt. Die Gesellschaft ist darauf fokussiert sämtliche Infor-

---

[1] Thomaß, Barbara (Hrsg.) (2007): Mediensysteme im Internationalen Vergleich. Konstanz. UVK Verlagsgesellschaft. Seite 13
[2] Wirtz, Bernd (2006): Medien- und Internetmanagement. Wiesbaden. Gabler Verlag. Seite 9

Sabine Schlimgen
V. Semester Medienmanagement, PR & Kommunikationsmanagement
Macromedia Hochschule für Medien & Kommunikation

mationen über Massenmedien zu generieren. Nicht nur das moderne gesellschaftliche Verhalten führt dazu, dass Medien eine volkswirtschaftliche Bedeutung bekommen haben, sondern auch die fundamentale, technologische Entwicklung, die dahinter steckt.

Denn der Entwicklung der Informations- und Kommunikationstechnologie kann nach dem Konzept der Kondratieff-Zyklen ebenso viel Bedeutung zugeschrieben werden, wie beispielsweise der technologischen Innovation der Elektrizität.

Das Prinzip der Kondratieff-Zyklen erläutert die Zustandsformen gesellschaftlicher Entwicklungen, die im Wesentlichen durch technologische Innovationen bestimmt werden und durch sinusartige Innovationswellen bzw. –phasen begründet werden.[3]

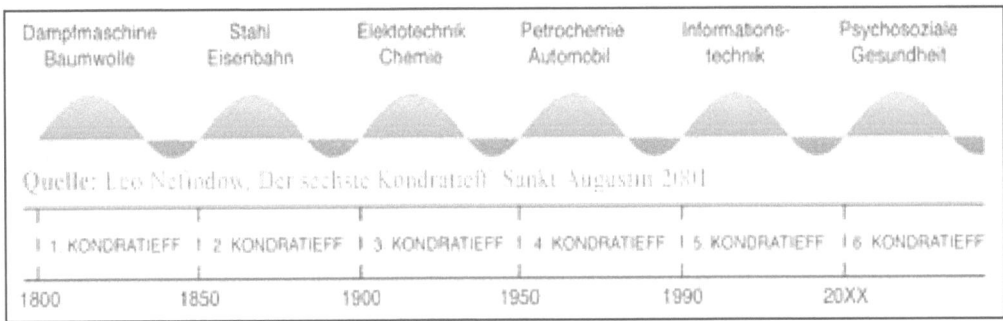

Abb.1: Kondratieffzyklus   Quelle: http://www.bioprofit.de/40992.html

Durch den enormen Stellenwert der Massenmedien in der heutigen Gesellschaft untersuchen diverse Wissenschaftler die Art und Weise *wie* die Medien Einklang in der Realität finden, oder diese sogar konstruieren. Die Rede ist von Massenmedien als soziales System – soziale Systeme entstehen durch evolutionäre Errungenschaften. „Die ausschlaggebende Errungenschaft die zur Ausdifferenzierung eines Systems der Massenmedien führte, war die Erfindung von Verbreitungstechnologien, die eine Interaktion unter Anwesenden wirksam ausschließen."[4] Somit verlässt sich der „normal-sterbliche" Bürger auf die ihm durch die Massenmedien unterbreiteten Informationen und erschließt daraufhin sein Bild der Wirklichkeit. Diese Abhängigkeit der zwischenmenschlichen Kommunikation über moderne Kommunikationstechnologien bestätigt die enorme Bedeutung der Medien. Denn durch sie werden Informationen an sämtliche Bevölkerungsschichten gestreut und jedem Empfänger wird damit die Möglichkeit gegeben, die Information in seine Realitätsvorstellungen aufzunehmen. Inwiefern diese Abhängigkeit der Informationsverbreitung optimal oder eher manipulativ eingesetzt wird, wird weiterhin unter vielen Kommunikationswissenschaftlern diskutiert.

---

[3] Wirtz, Bernd (2006): Medien- und Internetmanagement. Wiesbaden. Gabler Verlag. Seite 19

[4] Kröhnert, Steffen: Die Realität der Massenmedien – Die Funktionsweise der Massenmedien in der Systemtheorie Niklas Luhmanns. Seite 3

Sabine Schlimgen
V. Semester Medienmanagement, PR & Kommunikationsmanagement
Macromedia Hochschule für Medien & Kommunikation

2.2. DIMENSION: MEDIENSYSTEM

Wie zuvor schon versucht zu betonen sind Medien alles andere als kompakt. Im Gegenteil sie weiten sich immer weiter aus und nehmen demnach ebenso Einfluss auf politische, ökonomische, kulturelle und soziale Gegebenheiten. Denn Mediensysteme sind als soziale Organisationen zu sehen und beschäftigen sich nicht ausschließlich mit technischen Artefakten.[5] Für die genaue Betrachtung von Mediensystemen ist es daher unabdingbar das Zusammenspiel von technologischen, politischen, rechtlichen sowie ökonomischen Aspekten zu berücksichtigen. Die Systeme der Massenmedien wie Rundfunk, Print und zunehmend das Internet, bilden „inzwischen einen gesellschaftlichen Teilbereich, der seine spezifischen Gesetzmäßigkeiten aufweist und eine Vielzahl anderer Teilsysteme – wie das politische oder das wirtschaftliche – beeinflusst und sogar erst funktionsfähig macht."[6]

Diese Interdependenzen machen das Mediensystem komplex und fordern daher eine Differenzierung für eine genauere Betrachtungsweise. So lassen sich Mediensysteme auf verschiedenen Ebenen analysieren – auf der Mikro-, der Meso- und der Makroebene.

- „Auf der Mikroebene stehen individuelle Akteure im Fokus des Interesses.
- Auf der Mesoebene werden Organisationen, Institutionen oder Unternehmen untersucht.
- Auf der Makroebene sind Gruppen, Strukturen, Systeme, Prozesse oder Interaktionen Gegenstand der Analyse."[7]

---

[5] Thomaß, Barbara (Hrsg.) (2007): Mediensysteme im Internationalen Vergleich. Konstanz. UVK Verlagsgesellschaft. Seite 17
[6] Ebd. Seite 18
[7] Ebd. Seite 30

Sabine Schlimgen
V. Semester Medienmanagement, PR & Kommunikationsmanagement
Macromedia Hochschule für Medien & Kommunikation

2.3. VERGLEICHSMUSTER DES MEDIENSYSTEMS

Neben dem Vergleich auf verschiedenen Ebenen können auch Vergleichsmuster verwendet werden. Grundlegend sollte die zu vergleichenden Mediensysteme zunächst beschrieben werden. Anschließend können dann mediensystematische Vergleichsmuster analysiert werden. Definiert werden diese Muster folgendermaßen:

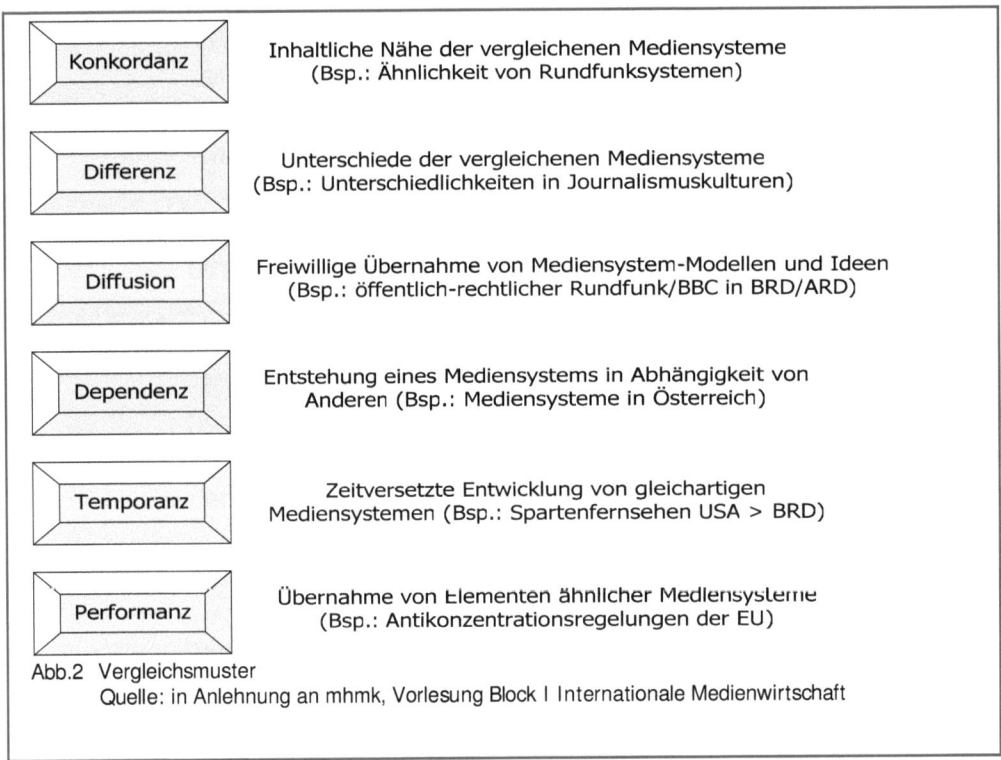

Abb.2 Vergleichsmuster
Quelle: in Anlehnung an mhmk, Vorlesung Block I Internationale Medienwirtschaft

3. VERGLEICH DES US-AMERIKANISCHEN MEDIENSYSTEMS UND DEM DER BRD

Nachdem nun im ersten Abschnitt die Komplexität des Mediensystems und die Möglichkeiten für einen Vergleich angesprochen wurden. Geht es nun darum die zu vergleichenden Bestandteile und prägenden Faktoren des US-amerikanischen und des deutschen Mediensystems zu analysieren.

3.1. BESTANDTEILE DES MEDIENSYSTEMS

Bestandteile des Mediensystems sind alle Medien, die periodisch erscheinen, sich an der Aktualität orientieren und als öffentliche Kommunikation an die Gesellschaft gestreut werden. Diese Medien sind dem Printsektor, dem Rundfunk und diversen Online-Diensten zuzuordnen.

3.1.1 PRINT

In der Medienindustrie zählen die Printmedien zu den bedeutendsten Zweigen. „Zu Printprodukten zählen alle Medien-produkte, die in gedruckter Form verbreitet werden, also vor allem

Sabine Schlimgen
V. Semester Medienmanagement, PR & Kommunikationsmanagement
Macromedia Hochschule für Medien & Kommunikation

Zeitungen, Zeitschriften und Bücher."[8] In der heutigen Situation, mit stetig wachsender Akzeptanz der Informationsverbreitung via Internet, sind die Zeitungs- und Zeitschriftenverlage einem zunehmenden Veränderungs- und Wettbewerbsdruck ausgesetzt. Nichtsdestotrotz sind Printmedien wichtige Bestandteile für föderale Staaten. Denn Zeitschriften und Zeitungen sind durch historische Ereignisse geprägt und erzählen somit ein Teil der Geschichte eines Landes.

Das Zeitungsspektrum geht von Boulevardzeitungen, Wochenzeitungen, über Sonntagsblätter, Tageszeitungen bis hin zu Anzeigenblättern und wird von dem Verhältnis zwischen Abonnements- und Kaufzeitungen bestimmt.

Der Zeitschriftenmarkt hingegen lässt sich in Publikumszeitschriften, Kunden- und Fachzeitschriften kategorisieren.

Generell sollten Printmedien von Pressefreiheit begleitet werden, damit eine manipulative Konzentration der Informationsverbreitung verhindert wird. „Im weltweiten Vergleich ist Pressefreiheit noch ein Ausnahmerecht, da sie in der Mehrheit der Staaten nicht existiert."[9]

3.1.1.1. US-AMERIKANISCHE PERSPEKTIVE

„Public Occurences, Both Foreign ans Domestic" unter diesem Namen erschien bereits 1690 die erste Zeitung in den USA – doch schnell wurde sie von britischen Kolonialherren wieder verboten. Nichtsdestotrotz gab es schon während der Kolonialzeit diverse „Zeitungen, die über erhebliche Freiheiten verfügten."[10] Gerade während der Revolutionsphase waren sie sehr politisch ausgerichtet und galten als Verlautbarungsorgane um den Unabhängigkeitskrieg zu unterstützen. Im 18 Jahrhundert – und mit dem ersten Zusatzartikel der amerikanischen Unabhängigkeitserklärung 1791, der die umfassende Pressefreiheit festschrieb, wurden regelmäßig Zeitungen veröffentlicht und ein modernes Pressewesen entstand. „Durch die zunehmende Kommerzialisierung verloren die Printmedien ihren parteilichen Charakter zugunsten einer weitergehend neutralen Berichts-erstattung."[11] Daraus folgte die so genannte „penny press", die mit deutlichem Boulevardcharakter eine breite Käuferschicht ansprechen sollte und 1830 erstmals als „the sun" erschien. Schon gegen Ende des 19. Jahrhunderts kam es zur modernen Massenpresse mit farbigen Titelbildern und die parteigebundene Presse war fast ganz verschwunden.

Heute wie damals sind die amerikanischen Zeitungen dezentral ausgerichtet. Es handelt sich meist um Lokalpresse, die ihren Themen-

---

[8] Wirtz, Bernd (2006): Medien- und Internetmanagement. Wiesbaden. Gabler Verlag. Seite 155

[9] Kopper, Gerd G. (2006): Medienhandbuch Deutschland. Hamburg. Rowohlt Verlag GmbH. Seite 325

[10] Thomaß, Barbara (Hrsg.) (2007): Mediensysteme im Internationalen Vergleich. Konstanz. UVK Verlagsgesellschaft. Seite 247

[11] Erichsen, Björn (2000): Das Mediensystem der USA. Studienarbeit. Seite 1

schwerpunkt auf regionale Nachrichten legt. Erst in den 70 er Jahren als es möglich wurde per Satellitenübertragung, Zeit gleich den Druck in verschiedene Landesteile zu übertragen konnte das *Wall Street Journal* national verbreitet werden. „1980 folgte die *New York Times* mit dem Vertreib einer komprimierten Fassung in begrenzter Auflage im Westen und Süden des Landes. Erst 1981 entstand mit der *USA Today* die erste echte nationale Zeitung, die sich bewusst an nicht ortsgebundene und heimatferne Amerikaner richtet."[12]

Auch was Zeitschriften anbelangt gilt die USA als Vorreiter. Bereits früh in der amerikanischen Mediengeschichte sind Almanachen zu finden, so genannte Jahrbücher, die meist als Nachschlagewerke dienten. „Heute führen Magazine wie *Readers's Digest* (gibt es auch in deutscher Version) und *TV Guide* die Liste der auflagestärksten Publikationen an […]".[13] Die bekannten politischen *Time Magazin* oder *Newsweek*, dienen zur Vorlage für den deutschen Spiegel und Stern.

Die amerikanische Printwirtschaft, zumindest nahezu 80 % der Auflagen, werden von großen nationalen Zeitungsketten, wie Ganet, Knight-Ridder und Newshouse kontrolliert, was nicht zu letzt aus starken Konzentrationsprozessen resultierte.

Durch die Expansion der elektronischen Medien nimmt die Auflage der US-Zeitungen stetig ab. 2008 sank die tägliche Gesamtauflage weitere 4,6 % Prozent auf rund 48 Millionen.

„Die Zeitungswirtschaft habe 2008 etwa 38 Milliarden Dollar (rund 28,2 Milliarden Euro) umgesetzt, wobei die Verlage noch immer meist gute Profite erwirtschaftet hätten, so die Studie. Die Gewinne der Zeitungshäuser seien aber um 14 Prozent niedriger als 2007 und um 23 Prozent geringer als ein Jahr davor. "[14]

3.1.1.2. DEUTSCHE PERSPEKTIVE

Auch in Deutschland erschien die erste Zeitung bereits im 17. Jahrhundert. Um genau zu sein erschien die Wochenzeitung „Relation" erstmals 1605 bereits in gedruckter Form, im damals deutschen Straßburg.[15] Seither hat es diverse Entwicklungen im Zeitungsmarkt gegeben, geprägt durch totalitäre Pressepolitik in der Weimarer Republik und weiteren Lizenzzwängen, gilt seit 1949 die allgemeine Pressefreiheit in Deutschland. „Mit über 4000 Zeitungstiteln erreichte das Zeitungsangebot der Weimarer Republik eine in Deutschland nie

---

[12] Erichsen, Björn (2000): Das Mediensystem der USA. Studienarbeit. Seite 2

[13] Thomaß, Barbara (Hrsg.) (2007): Mediensysteme im Internationalen Vergleich. Konstanz. UVK Verlagsgesellschaft. Seite 248

[14] http://www.focus.de/kultur/medien/us-medien-internet-schlaegt-zeitung_aid_381851.html - 31.05.2009.-.14.24 Uhr

[15] http://www.handelsblatt.com/unternehmen/it-medien/die-erste-zeitung-ist-400-jahre-alt;920063 – 31.05.2009 – 14 .11 Uhr

Sabine Schlimgen
V. Semester Medienmanagement, PR & Kommunikationsmanagement
Macromedia Hochschule für Medien & Kommunikation

mehr erreichte Höhe."[16] Nach dem 2.Weltkrieg dauerte es einige Zeit bis Deutschland seinen eigenen Zeitungsmarkt wieder regenerieren konnte. Bereits bis Ende 1949 erschienen wieder 850 Zeitungen auf dem deutschen Markt, woraufhin eine steigende Entwicklung bis heute folgte. Allerdings wirkt sich auch in Deutschland die Entwicklung des Online Marktes auf die Nachfrage des Zeitungsmarktes aus. So wurden von den deutschen Tageszeitungen 2008 täglich nur ca. 23,36 Mio. Exemplare verkauft. Zum Vergleich zehn Jahre zuvor lag der tägliche Absatz bei ca. 30 Mio. Exemplaren.[17] „Die Zeitung kann damit ihre Stellung im Medienmarkt seit einigen Jahren zwar nicht mehr weiter ausbauen, aber trotz leicht schrumpfender Auflagen noch recht gut behaupten."[18] So kann Deutschland im internationalen Vergleich immer noch eine ziemlich gute Zeitungsdichte aufweisen, auf 1000 Einwohner kommen 371 Zeitungsexemplare, in den USA sind es nur 274.[19] (Stand 2002)

3.1.2. RUNDFUNK

Unter dem Begriff Rundfunk sind öffentlich-rechtliche und private Fernsehsender sowie Radiosender zusammengefasst.
Der Hörfunk findet seine Wurzeln bereits in der militärischen Kommunikation. Über die Jahre hinweg hat er sich als bedeutendes Informationsmedium etabliert und erreicht täglich Millionen von Haushalten. Neben der verpflichteten Informationsvermittlung gilt der Rundfunk vermehrt als Unterhaltungsmedium.
„Die Bedeutung des Staates bei der Regulierung, die Betonung der kulturellen und identitätsstärkenden Rolle des Rundfunk, die z.B. in der Form von Eigenproduktionsquoten umgesetzt wird, und der Stellenwert, der die so genannten dritte Säule (Bürgerfunk, *community radios* etc.) einnimmt, sind weitere wichtige Merkmale des Rundfunksektors eines Mediensystems."[20]
Im internationalen Vergleich ist es rechtlich gesehen interessant, die organisatorischen Strukturen der Rundfunkbeschränkungen genauer zu betrachten. Daraus lässt sich erkennen, wie staatsfern oder nah, oder zentral bzw. dezentral die Bestimmungen des Rundfunks festgelegt sind.

---

[16] Mast, Claudia (Hg.) (2004): ABC des Journalismus. Konstanz. UVK Verlagsgesellschaft. Seite 16
[17] http://www.ivw.de/index.php?menuid=37&reporeid=10#tageszeitungen – 31.05.2009 -.14 .55 Uhr
[18] Mast, Claudia (Hg.) (2004): ABC des Journalismus. Konstanz. UVK Verlagsgesellschaft. Seite 16
[19] Ebd. Seite 17
[20] Thomaß, Barbara (Hrsg.) (2007): Mediensysteme im Internationalen Vergleich. Konstanz. UVK Verlagsgesellschaft. Seite 21

3.1.2.1. US-AMERIKANISCHE PERSPEKTIVE

Nach dem ersten Weltkrieg entstanden in den USA die ersten elektronischen Medien. Im November 1920 ging in Pittsburgh weltweit die erste Radiostation auf Sendung. „[...] alsbald stellte man fest, dass Werbung den Stationsbetrieb finanzieren kann, worauf ein explosives Wachstum begann."[21] Schnell entstand daraus ein aggressiver Verdrängungswettbewerb und mit vielen neuen Sendern. Um dies zu regulieren musste der Staat eine übergreifende Rolle einnehmen und somit wurde 1934 die *Federal Communications Commission (FCC)* etabliert. „Die FFC überwacht die Programme und vergibt die Sendelizenzen für Radio und Fernsehen."[22] Der Präsident und der Senat bestimmen für eine fünfjährige Amtszeit, wer der Kommission angehören soll. Da es auf Grund der geografischen Ausmaße des amerikanischen Landes nur bedingt möglich ist, die täglichen Programme zu beobachten, beschränkt sich die Tätigkeit der FCC auf das Eingreifen bei Konflikten in der Rundfunkindustrie. Es dauert nicht lange bis auf Basis dessen das Fernsehsystem in den USA entstand. Die Finanzierung erfolgte auch hier durch Werbeeinblendungen. 1939 wurde weltweit die erste öffentliche Fernsehsendung ausgestrahlt. Seinen Siegszug begann das Fernsehen nach dem Zweiten Weltkrieg, sodass 1955 bereits 78% der amerikanischen Haushalte ein Fernsehgerät besaßen. Dieser kommerzielle Typ des Sendens wurde in Europa erst in den achtziger Jahren angenommen und „markiert [...] seitdem die zweite Säule des dualen Systems".[23]

Das amerikanische Fernsehsystem hat sich schnell um drei große Network Gesellschaften aufgebaut. Mit diesen nationalen Netzwerken verbinden sich lokal lizenzierte Stationen aus Kostengründen. *National Broadcasting Company (NBC), Columbia Broadcasting System (CBS)* und *American Broadcasting Company (ABC)* stehen so als unterhaltendes TV-Vollprogramm der amerikanischen Bevölkerung zur Verfügung und machen nahezu 60 % des tatsächlich gesehenen Programmes aus. Dabei fungieren die Netzwerke eher wie Programmagenturen, die ihr Werbe- und Fernsehmaterial lokalen Sendern übermitteln. Nur in großen Ballungszentren betreiben die Gesellschaften, später folgte noch FOX als viertgrößtes Network, eigene Sendestationen. Ab den 70er Jahren verfügt der typische US-Haushalt, dank der Entwicklung von Kabel und Satellit, im Schnitt über 100 Fernsehkanäle. „Parallel zu den neuen Übertragungswegen begann die Expansion von Pay-TV, bei dem werbefreie Programme gegen ein

---

[21] Thomaß, Barbara (Hrsg.) (2007): Mediensysteme im Internationalen Vergleich. Konstanz. UVK Verlagsgesellschaft. Seite 249
[22] Erichsen, Björn (2000): Das Mediensystem der USA. Studienarbeit. Seite 4
[23] Thomaß, Barbara (Hrsg.) (2007): Mediensysteme im Internationalen Vergleich. Konstanz. UVK Verlagsgesellschaft. Seite 249

Sabine Schlimgen
V. Semester Medienmanagement, PR & Kommunikationsmanagement
Macromedia Hochschule für Medien & Kommunikation

Abonnement angeboten wurden."[24] Der bis heute marktstärkste Anbieter auf diesem Gebiet ist HBO (Home Box Office).

Den Begriff des öffentlichen Rundfunks, wie er in Deutschland etabliert ist, gibt es in den USA in dieser Form nicht. Zwar gibt es kleine öffentliche Anbieter wie National Public Radio (NPR) oder Public Broadcasting System (PBS), die sich schwerpunktmäßig um „kommerziell benachteiligte Bereiche wie Kultur und Bildung kümmern"[25], aber nicht eine solche Aufgabe erfüllen müssen, wie in Deutschland. Meist senden diese Sender aus Universitäten. Daher sind öffentliche Sender in den USA meist doch privat betrieben, verfolgen aber einen *non-profit*-Auftrag.

3.1.2.2. DEUTSCHE PERSPEKTIVE

Seit den achtziger Jahren, mit der Welle des amerikanischen, kommerziellen Fernsehens, gibt es in Deutschland das so genannte duale Rundfunksystem. „Der Begriff ist durch das Bundesverfassungsgericht zur Kennzeichnung der Besonderheit des Miteinanders von öffentlich-rechtlichem und privat-kommerziellem Rundfunk in der Rundfunkverfassung [...] eingeführt worden."[26] Zuvor war es Auftrag der Besatzungsmächte mit Hilfe der öffentlich-rechtlichen Organisationsform die Staatsferne zu sichern und die Rundfunkfreiheit zu genießen.

Heute ist das öffentlich-rechtliche Rundfunksystem Deutschlands dezentral organisiert und wird von neun selbstständigen Landesrundfunkanstalten überwacht. „Alle Landesrundfunkanstalten zusammen bilden die Arbeitsgemeinschaft der öffentlich-rechtlichen Rundfunkanstalten der Bundesrepublik Deutschland (ARD), die für das Programm des (ersten) Deutschen Fernsehens verantwortlich ist."[27] Der öffentlich-rechtliche Rundfunk finanziert sich hauptsächlich durch Rundfunkgebühren. Der Anteil der Werbeeinnahmen ist bei diesen Organisationen geschwinden gering, hier stehen 15 Prozent Werbeeinnahmen 85 Prozent Gebühren gegenüber.

Anders im privaten Rundfunk, der sich wie das amerikanische Vorbild überwiegend durch Werbeausstrahlungen finanziert. Die privaten Rundfunksender sind Anfang der 80er Jahre entstanden, die Vorraussetzungen für die Zulassung wurden durch die Landesmediengesetze geschaffen, die damals verabschiedet wurden. „Die Gesetze regeln Zulassungsverfahren und Kontrolle der privaten Rundfunkveranstalter, sie enthalten Vorschriften zur Sicherung der Meinungsvielfalt und über allgemeine Programmgrundsätze für private

---

[24] Thomaß, Barbara (Hrsg.) (2007): Mediensysteme im Internationalen Vergleich. Konstanz. UVK Verlagsgesellschaft. Seite 249

[25] Ebd. Seite 250

[26] Kopper, Gerd G. (2006): Medienhandbuch Deutschland. Hamburg. Rowohlt Verlag GmbH. Seite 325

[27] Mast, Claudia (Hg.) (2004): ABC des Journalismus. Konstanz. UVK Verlagsgesellschaft. Seite 26

Rundfunkangebote."[28] Schnell hat sich auch in Deutschland das Privatfernsehen verbreitet und ist zu einer großen Konkurrenz der öffentlichen Sender geworden. Die ProSiebenSat.1 Media AG sowie die RTL Mediengruppe sind aus der deutschen Medienlandschaft gar nicht mehr weg zu denken. Im Gegenteil die vorhandenen Kabelnetze und Satelliten vervollständigen das Voll- und Spartenprogramm und bieten somit eine bandbreite an privaten Rundfunkangeboten. Die privaten Rundfunkanbieter in Deutschland sind dazu verpflichtet in Ihren Programmen eine gewissen Informationsgehalt zu verbreiten und dürfen nicht nur die kommerzielle Unterhaltung in den Mittelpunkt stellen.

Das Angebot der Pay-TV Anbieter ist noch ausbaufähig und wird voraussichtlich in naher Zukunft einen neuen Hype in Verknüpfung mit Digitalfernsehen auslösen. Auf diesem Gebiet sind die deutschen Netzanbieter auf dem Vormarsch und werden dem amerikanischen Medienmarkt ein Vorbild sein.

3.1.3. ONLINE

Im Zuge der Entwicklungen im 20. Jahrhundert wächst das Internet zu einer enormen, unverstellbaren Größe heran. Damit verbunden entstehen immer mehr Onlinekommunikationswege und Möglichkeiten. Das Internet gilt nicht mehr nur der E-Mail-Kommunikation, sondern vermehrt dem Nutzen von Gesprächsforen, Blogs, Chats oder Newsgroups[29] sowie der Vermarktung von Produkten. Um das Internet als zentrale Größe in einem Mediensystem erfassen zu können, ist es wichtig zu wissen, wie groß der Zugang auf das Internet ist. „Wie viele Internethosts und wie viele Internetanschlüsse in einem Land existieren, sagt viel über die Zugangsproblematik aus.[...] Die Dynamik, mit der die Zahl der Nutzer in einem Land zunimmt, ist eine entscheidende Kennziffer für den Online-Bereich eines Mediensystems."[30]

Auch das Angebot im Onlinebereich wird differenziert betrachtet. Es wird unterschieden wie hoch der Anteil von öffentlich bereitgestelltem Content ist, sowie der der Individualkommunikation. Ebenso kann analysiert werden welche Ausmaße eingestellter Content nehmen kann, sprich über welche Grenzen hinaus auf den Inhalt Zugriff genommen wird. Das Internet ist daher eine schwer einzugrenzende Dimension, die eine unheimliche Eigendynamik entwickelt hat.

---

[28] Mast, Claudia (Hg.) (2004): ABC des Journalismus. Konstanz. UVK Verlagsgesellschaft. Seite 28

[29] Wirtz, Bernd (2006): Medien- und Internetmanagement. Wiesbaden. Gabler Verlag. Seite 577

[30] Thomaß, Barbara (Hrsg.) (2007): Mediensysteme im Internationalen Vergleich. Konstanz. UVK Verlagsgesellschaft. Seite 22

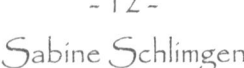

3.1.3.1. US-AMERIKANISCHE PERSPEKTIVE

In den USA wurde das Internet schon in den 70er Jahren zu militärischen Zwecken genutzt und entdeckt. An der University of California wurde es aus der *acedemic community* heraus aufgebaut. Der Hype rund um die Internetnutzung begann schließlich in den 90er Jahren, als die ersten Zeitungen ihre Online-Ausgaben im Netz der Öffentlichkeit zugänglich machten. Schnell folgte der Trend über den neuen Kommunikationsweg in Interaktion zu treten, die ersten Chatrooms entstanden, private Homepages wurden online gestellt und heute sind *social communities* Standard. Das Nutzungsverhalten hat sich immens weiterentwickelt, zur Entstehungszeiten war es sensationell Post elektronisch zu empfangen, heute können sämtliche Einkäufe bequem online abgewickelt werden. Was auch erklärt, warum die Nutzungsrate des Internets stetig steigt, „so gab es im Dezember 2004 weltweit ca. 812,9 Millionen Internet-User, was einer Steigerung von 125,2 % im Vergleich zum Jahr 2000 entspricht."[31] Laut der Studie von Bitkom wird die USA 2010 mit einer Nutzungsrate von 88% an die internationale Spitze rücken.[32]

3.1.3.2. DEUTSCHE PERSPEKTIVE

Seit Mitte der 90er sind auch die deutschen Tageszeitungen als Onlineversion im Netz vertreten. „Tageszeitungen erhoffen sich auch die Erschließung einer neuen, insbesondere jugendlichen Leserschaft durch ihren Web-Auftritt sowie die Verbesserung ihres Images als innovatives Unternehmen. Online zu sein stärkt außerdem die Marke[...]."[33] Durch die starken Nutzerzahlen gilt das Internet immer mehr als neue Werbeplattform und orientiert sich dabei streng an den „Nutzern von morgen", denn gerade Jugendliche im Alter zwischen 14 und 19 sind täglich bis zu 145 Minuten online.[34] Die Online-Auftritte gehen von „journalistisch hochwertig und innovativ gestaltet bis zu eher marketingorientierten Vertriebsportalen"[35]. Die Entwicklung des Internets scheint grenzenlos, online Zugriff auf Filme und Musik sind schon standardisiert, weiter geht der Trend in Richtung mobiles Internet – demnach gibt es Vorreiter wie Google die ihre Homepage als Mobilepage codiert dem Nutzer per Mobiltelefon zugänglich machen, um auch unterwegs online sein zu können.

Die Dimension des Internets ist ein Projekt das täglich weltweit wächst. Die Wurzeln sind in den USA, aber mittlerweile wächst es mit internationalem Wissen und Neuerungen immer weiter.

---

[31] Wirtz, Bernd (2006): Medien- und Internetmanagement. Wiesbaden. Gabler Verlag. Seite 566
[32] http://medienpraxis.ch/2007/internet-nutzung-usa-werden-2010-fuhrend-sein/ - 1.06.2009 – 10.37 Uhr
[33] Ebd. Seite 24
[34] Ebd. Seite 24
[35] Ebd. Seite 25

Sabine Schlimgen
V. Semester Medienmanagement, PR & Kommunikationsmanagement
Macromedia Hochschule für Medien & Kommunikation

3.   PRÄGENDE FAKTOREN DER MEDIENSYSTEME

Nun können die prägenden Faktoren – wie Recht, Geografie, Sprachkultur, politisches System, Wirtschaftsverfassung und die gegebenen Medientechnologie - der Mediensysteme genau analysiert werden. Da die spezifischen Vergleichsmuster bekannt sind.

3.2.1. RECHT

„Medienrecht formuliert die ordnungspolitischen Rahmenbedingungen für Presse, Film, Rundfunk und neue Medien und für die Grundlage der journalistischen Praxis."[36] Das Recht übernimmt eine steuernde Funktion der Medien und beschreibt die Grenzen von rundfunk- und presserechtlichen Ausführungen. In den USA sowie in Deutschland gelten Medien als „Vierte Gewalt", neben Regierung, Gesetzgebung und Justiz. Dieser Begriff wird verwendet um die „Massenmedien in ihrer Funktion zur Herstellung von Öffentlichkeit im politischen Prozess und im Staatswesen einzuordnen"[37]. Der Begriff ist jedoch umstritten, denn diese Zuordnung würde das Recht der Pressefreiheit einschränken und dies gilt in beiden Ländern als grundlegendes Meinungsäußerungsgesetz. Neben der Pressefreiheit stehen Urheberrechte, speziell in der Onlinekommunikation, Telekommunikationsgesetze oder das Wettbewerbsrecht. Diese werden unter dem Medienrecht zusammengeführt. In der Rolle des Journalisten, Redakteur oder Produzent müssen all diese Rahmenbedingungen eines Mediensystems berücksichtigt werden.

3.2.2. GEOGRAFIE

Die Geografie eines Landes kann sich durchaus auf die Wirtschaftskraft eines Mediensystems auswirken. Nicht zuletzt auf Grund der Größe des amerikanischen Bodens, ist die amerikanische Unterhaltungsindustrie so dominierend. Wie auch schon zuvor beschrieben, nimmt die Größe eines Landes Einfluss auf die Standorte von Rundfunkgesellschaften. So besitzen in kleinen Ländern, lokale Sender spezielle Lizenzen, um die hohen Kosten von vielen großen Rundfunkgesellschaften zu umgehen. Ebenso können ländliche Beschaffenheiten enormen Einfluss auf die Empfangs- und Sendemöglichkeiten nehmen. „Dass Größe, die aber mit einer eher kleinen Bevölkerungszahl einhergeht, noch mit keiner Dominanz auf Weltmedienmärkten einhergeht, zeigt das Bespiel Kanada, das auch lehrt, wie sehr ein potenter Nachbar (in diesem Fall die USA)

---

[36] Thomaß, Barbara (Hrsg.) (2007): Mediensysteme im Internationalen Vergleich. Konstanz. UVK Verlagsgesellschaft. Seite 23

[37] Kopper, Gerd G. (2006): Medienhandbuch Deutschland. Hamburg. Rowohlt Verlag GmbH. Seite 419

Sabine Schlimgen
V. Semester Medienmanagement, PR & Kommunikationsmanagement
Macromedia Hochschule für Medien & Kommunikation

Gegebenheiten und Entscheidungen innerhalb eines Mediensystems maßgeblich beeinflussen kann."[38]

3.2.3. SPRACHKULTUR

„Sprachkulturen sind ein weiteres ganz wesentliches Strukturelement von Medien, die als Mittler gesellschaftlicher Kommunikation ja auf Sprache beruhen."[39] Vermehr kommt es in Ländern zu einer mehrsprachigen Tendenz. Selbst in Deutschland richtet sich das Medienangebot an diese spezifischen Zielgruppen, man betrachte den türkischsprachigen Mediensektor. Anders als in Deutschland gibt es in den USA neben der englischen Sprache vermehrt die spanische Sprachkultur. Gerade in Ballungszentren wie Florida und Californien richten sich die Medien speziell an diese Zielgruppen.

3.2.4. POLITISCHES UND WIRTSCHAFTLICHE S SYSTEM

Das politische und wirtschaftliche System liefern mittels Gesetzen den Rahmen für ein Mediensystem. Weiterhin füllen sie die Medien mit Inhalten, denn schließlich wird die politische wie wirtschaftliche Kommunikation über das Mediensystem gestreut.
Demokratische Systeme nutzen die Medien anders als autoritäre. So ist der Wahlkampf Barack Obamas ein Paradebeispiel für die optimale, demokratische Nutzung des amerikanischen Mediensystems. Mittels einer ausgeklügelten Kommunikationsstrategie hat er alle Kommuni-kationskanäle bedient und seine Ansprache immer zielgruppenspezifisch angepasst.
Weiterhin prägt die wirtschaftliche Lage eines Landes die Ausrichtung der Medien. So sind in einer kapitalistisch ausgerichteten Wirt-schaftsform auch die Medien privatwirtschaftlich strukturiert.

3.2.5. GEGEBENE MEDIENTECHNOLOGIE

Selbstverständlich nimmt auch die mediale Infrastruktur eines Landes Einfluss auf ein Mediensystem. Denn was nützt die Verbreitung der Medien seitens des Senders, wenn der Empfänger aus technologischen Gegebenheiten die Informationen nicht empfangen kann. In Deutschland wie in den USA läuft der Trend in Richtung Medienabhängigkeit, so dass 98 % aller Haushalte mit dem neusten Stand der Medientechnologie ausgestattet sind.

---

[38] Thomaß, Barbara (Hrsg.) (2007): Mediensysteme im Internationalen Vergleich. Konstanz. UVK Verlagsgesellschaft. Seite 24
[39] Ebd. Seite 24

Sabine Schlimgen
V. Semester Medienmanagement, PR & Kommunikationsmanagement
Macromedia Hochschule für Medien & Kommunikation

4. FAZIT

Betrachtet man das US-amerikanische Mediensystem mit dem deutschen ist festzustellen, dass sie im Allgemeinen sehr ähnlich strukturiert sind. Viel wurde damals aus dem amerikanische adaptiert. Auf Grund der technologischen Entwicklungen und Fortschritte sind heute Deutschland und die USA gleichwertig in ihrem Medienstandard zu betrachten. Tendenziell sind die Amerikaner schneller in der Realisierung was den optimalen Medieneinsatz anbelangt, gerade im politischen Bereich. Wohingegen im bürokratischen Deutschland die moderne und schnelllebige Medienwelt oftmals nur in der Theorie gelebt wird.

Sabine Schlimgen
V. Semester Medienmanagement, PR & Kommunikationsmanagement
Macromedia Hochschule für Medien & Kommunikation

V ANHANG

5.1. ABBILDUNGSVERZEICHNIS

Abb.1: Kondratieffzyklus
Quelle: http://www.bioprofit.de/40992.html

Abb.2: Vergleichsmuster
Quelle: in Anlehnung an mhmk, Vorlesung Block I Internationale Medienwirtschaft

5.2 LITERATURVERZEICHNIS

- Bernd W. Wirtz – „Medien- und Internetmanagement " – Gabler Verlag - Wiesbaden 2006 – 5. Auflage
- Barbara Thomaß (Hrsg.) – „Mediensysteme im internationalen Vergleich" – UVK Verlagsgesellschaft – Konstanz 2007 – 1. Auflage
- Claudia Mast (Hg.) – „ABC des Journalismus" – – UVK Verlagsgesellschaft – Konstanz 2004 – 10.Auflage
- Gerd G. Kopperr – „Medienhandbuch" – Rowohlt Verlag – Hamburg 2006 – 1.Auflage

5.3. QUELLENVERZEICHNIS

- Björn Erichsen – Studienarbeit – Das Mediensystem der USA
- Steffen Kröhnert – Studienarbeit – Die Realität der Massenmedien – Die Funktionsweise der Massenmedien in der Systemtheorie Niklas Luhmanns
- Vorlesung MHMK Internationale Medienwirtschaft
- http://www.ffc.com – 12.04.2009 – 18.50 Uhr
- http://medienpraxis.ch/2007/internet-nutzung-usa-werden-2010-fuhrend-sein/ - 1.06.2009 – 10.37 Uhr
- http://www.ivw.de/index.php?menuid=37&reporeid=10#tageszeitungen – 31.05.2009 -.14 .55 Uhr
- http://www.focus.de/kultur/medien/us-medien-internet-schlaegt-zeitung_aid_381851.html - 31.05.2009.-.14.24 Uhr
- [1] http://www.handelsblatt.com/unternehmen/it-medien/die-erste-zeitung-ist-400-jahre-alt;920063 – 31.05.2009 – 14 .11 Uhr

Sabine Schlimgen
V. Semester Medienmanagement, PR & Kommunikationsmanagement
Macromedia Hochschule für Medien & Kommunikation